HOLL LAWENYDD GWYLLT

© 2025 Llŷr Gwyn Lewis / Cyhoeddiadau Barddas ©

Argraffiad cyntaf: 2025

ISBN: 978-1-911584-94-0

Cyhoeddwyd gyda chymorth ariannol Cyngor Llyfrau Cymru.

Cyhoeddwyd gan Gyhoeddiadau Barddas.
www.barddas.cymru

Clawr: Dafydd Owain (Cyngor Llyfrau Cymru)
Dylunio a chysodi: Adran Ddylunio Cyngor Llyfrau Cymru

Argraffwyd gan Wasg Gomer, Llandysul.

Cyhoeddiadau
barddas

HOLL LAWENYDD GWYLLT

CERDDI
LLŶR GWYN LEWIS

Cyhoeddiadau
barddas

I'r angenfilod poced.

Fe ddilyn o'r hyn yr wyf newydd ei nodi na allwn ni mwyach fwynhau rhyddid yr henfyd, sef y rhyddid i gymryd rhan weithredol a chyson mewn grym torfol. Rhaid i'n rhyddid ni olygu mwynhad heddychlon ac annibyniaeth breifat. [...] Perygl rhyddid modern, wrth inni ymgolli yn ein mwynhad o'n hannibyniaeth breifat, ac wrth ganlyn ein diddordebau penodol, yw y gallem ildio'n hawl i gyfranogi o rym gwleidyddol yn rhy rwydd.

Benjamin Constant
Rhyddid yr Henfyd o'i Gymharu â'r Modern (1819)

Un funud rwyt ti'n rhedeg drwy flodau a bryniau gwyrddion, ac awyr las ddigwmwl uwchben; a'r funud nesaf rwyt ti yn y dyfnjwns, yn nofio drwy lafa. Efallai fod bywyd, fel gemau fideo, wedi'i dynghedu i deimlo felly. Efallai ein bod i gyd yn euog o ddelfrydu'n plentyndod ein hunain.

Ond i ni a fagwyd yn nawdegau'r ganrif ddiwethaf, mae'n teimlo'n fwy na hynny: roedd yn gyfnod o obaith gwirioneddol y gallai'r dyfodol fod yn well. Eto i gyd roedd hadau'r byd newydd yn cael eu plannu'n barod, yn yr hysbysebion a'n pledai, a'r gemau fideos a'n hudai i'w bydoedd, gan breifateiddio ein bywydau fwy a mwy ...

CYNNWYS

Lefel 3: Adlam

Lefel 4: Drysfa

Lefel 5: Golau sêr

Lefel 6: Tomen byd

LEFEL 1

BRYNIAU GWYRDDION

Astudiaeth o arferion chwarae
Sonic the Hedgehog 2, Sega Mega Drive, 1992

Y fi oedd Sonic, a fo oedd Tails.
(Braint yr hynaf yw pennu,
ond weithiau, mi fodlonwn
ar iddo fo gael bod yn Mario a finnau'n Luigi.)

Y fath fydoedd a rodiem:
bryniau gwrthban Nain,
hel aur modrwyau'n drysor llachar;
stompio ymhlith madarch a dringo

i entrychion daearau,
ni frodyr, cymrodyr yng nghad.
Y dihirod adawsom o'n holau yn shitrws!
A'u holl beiriannau'n gyrbibion dan ein llaw.

Ymhell o'r gwastad serol, yn nhafarn canol oed,
od meddwl fod yr hyn sy'n ein clymu,
ein hanturiaethau bore oes, yn perthyn
i diriogaethau, galaethau, eraill ...

Ond rhannwn wên neu winc pan darwn
heibio i'n gilydd ar dro, fel dau hen law
yn cofio hen ryfelgyrch. Finnau'n Sonic
eto, a fynta am byth yn Tails.

Muriau

Tetris, Game Boy, 1994

Roedd llenni'n cael eu hagor
ar draws cyfandir; corwyntoedd
annarogan yn dod i olwg tir;
babis fel fy mrawd yn glanio i ganol
rwbel Mur Berlin a deiliach tanciau.

A hon oedd y gêm y dewisais i ei chael
y Dolig melyn hwnnw yn '94.
Game Boy sgleiniog newydd sbon
a'i ogla plastig yn droad canrif, yn dal
gêm a godwyd o'r llwch Sofietaidd.

Synnai'n rhieni inni ddallt y dalltings
cyn hawsed: pwyo'r botymau coch
i godi muriau eang, llawn a phraff
cyn eu dymchwel eto'n siwrwd:
ail natur, i ni, oedd chwalu'r waliau.

Dyma lithro lawr, ar ôl bath, am un tro arall –
ond yno, wedi gafael am y gêm,
roedd Dad: ei dafod allan, yn mynnu
trio'u clirio, wedi'i gyfareddu,
ond yn methu peidio â gadael
iddynt godi'n uwch bob tro.

Rasys cymylau
Super Mario Kart, Super Nintendo, 1993

Gallai gemau dy ddisbyddu o'th gnawd.
Wedi'n rhyddhau o hualau'n cyrff
gallem fod yn rhywun, yn unrhyw gymeriad:
sgrialem fel plu hyd wastatiroedd, enfysau ...

Gafaelodd hon yn fy mrawd.
Collais olwg arno rhwng y Donut Plains a chastell Bowser
nes inni'i ganfod eto ganol nos,
yn cwsg-gerdded ar y landin a Donkey Kong
ar fin ei oddiweddyd: gwelsech y sêr
a'r arswyd a lanwai gregyn ei lygaid.

Drysau
Mickey Mouse, Game Boy, 1989

Chofia i fawr o'r gêm hon. Castell?
Ella. Lot o risiau,
goriadau, drysau. Drysi.
Dim cof be oedd y nod,
y pen draw. Ella
na chyrhacddon ni ddim.
Cofiaf orfod agor drysau'n y drefn iawn.

Dw i'n cofio, ella, bytiau
o'r gerddoriaeth. Brith gof
o deimlo'n sâl yng nghefn y car
a siâp, ond nid manylion,
rhyw ffrae rhwng y tri ohonom:
ein gwasgfa'n y cefn, ac un neu'r llall
wedi cael gormod o Game Boy.

A be dw i yn ei gofio
yn gliriach, ella, na dim,
ydi grŵn yr injan ar ôl
i fatri'r Game Boy farw. Plethyn ar y casét
a thraffyrdd a mynyddoedd
yn treiglo'n bicseli heibio'r ffenest.
Dw i'n cofio teimlo
na allai dim ein cyffwrdd ni ein tri:
cefn car chwilboeth yn basbort i'r byd
a phob ffin a therfyn yn ein chwifio drwodd.

Eu dal nhw oll
Pokémon, Game Boy, 1999

Anodd amgyffred rŵan, ond roedd amser
pan fedrai rhywun fentro y câi fentro
i'r byd mawr o'r gongol hon o'r ddaear
yn weddol saff ei gamre. Roedd ganddo fap
a rhywfaint, ond dim gormod, o dechnoleg
i'w helpu ar ei ffordd. Yn y dyddiau hynny

caet aros fyny'n hwyr efo dy dad,
a thost a marmalêd, i wylio etholiad
a hanes yn cael ei greu. Caet symud i drefi
eraill, prifysgol neu lan môr,
a deuai llywodraethau newydd i rym ...

Efallai y crwydret
i ganol cefn gwlad, dal cip
o'th ddyfodol yn y glaswellt hir
neu faglu ar ei draws, yn arian llathraid
fel aderyn prin mewn ogof ddu;
ac yna ei gario efo chdi –
ei fwytho, ei wylio'n tyfu ac esblygu,
a'i adenydd trydanol crychdonnog
yn crynu gan bosibilrwydd yn dy law:
syrcas bitw dy ddyheadau.

Gallet eu dal nhw oll,
tra oedd yna fatri yn hyn o fyd.

Y mae ganddi ysbïwyr

GoldenEye 007, Nintendo 64, 1997

Mi ellid rhannu dy fywyd yn ôl Bonds:
dy *Dalton era*, misoedd Moore,
yr haf efo Lazenby yn yr anialwch,

degawd Connery (os ti'n ddigon hen).
I mi, ella, y darn gorau i gyd
oedd blynyddoedd Brosnan:

y bwlch od hwnnw rhwng pan ddaeth y wal i lawr
a phan ddaeth y tyrau i lawr – rhwng hisian analog
Atlantic 252, *Swan Lake, Stondin Sulwyn*

a'r digon digidol – jest cyn i'r ffôns
ein sugno i mewn i'w cwmpas.

Roedd genod, roedd gemau, ac roedd miwsig:
Furries, Big Leaves a'r Manics, ac yfed dan oed
yn Maccy Ds neu tu ôl i'r Leshi,
a Chymru ar fin cyrraedd rhywle
drwy stadiwm neu ddeddfwrfa.

Digon i goelio bod fory byth am farw;
digon i synhwyro dechrau newydd
jest fel roeddan ni'n cyrraedd diwedd rhywbeth.

Digon i stopio gorfod edrych dros ein 'sgwyddau
am ysbrydion ddoe,
heb sylwi eto fod y ganrif newydd
yn anfon ei hysbiwyr, ddigid wrth ddigid,
i mewn i'n bywydau bach.

Yn Ninas Rhyddid

Grand Theft Auto III: Liberty City, PlayStation 2, 2001

Tyrd am dro efo fi i Ddinas Rhyddid.
Rho dy droed lawr mewn tacsi
wedi'i ddwyn o gornel stryd,
ac os bydd rhyw ddiniweityn yn cerdded hyd
y lôn, gei di'i hyrddio o'r ffordd,
mwynhau dyluniad y gwaed hyd dy winsgrin.

Yn Ninas Rhyddid, gei di ffwcio hŵrs
a pheidio â'u talu wedyn. Gei di blannu bom
neu bigo ffeit efo plisman a dianc i'r môr.
Gei di wrando ar be lici di, a chuddio'n
ddiwyneb, ddienw. Gei di freibio
a rheibio dy ffordd drwy gerbytffordd y byd,
heb forol am foes, 'mond am gwmpawd.
Gei di yrru drwy bob golau coch.

Ac mi ddywed dy rieni wrthat ti
dy fod yn afradu d'amser.
Ateba di nhw: na, fan hyn
mae'r paratoad gorau gaf
at weddill fy oes. Yma, ar fuarth
digidol, di-hid, diwyneb, digyfraith.

Meibion rhyddid

Metal Gear Solid 2: Sons of Liberty, PlayStation 2, 2001

Mentrodd y ddau ohonom,
fy mrawd a fi, efo'n gilydd i brynu hon
o'r siop ar dop Stryd Llyn, a'r pres yn llosgi'n ein poced.

Adwaenai bob symudiad, cysgodai'n hergydion:
cofnodai ddelwedd newydd ohonom
bob tro y chwaraeem lefel.

Safiai bob fersiwn o'n gwirionedd,
ei gadw ar ffeil i'w ddefnyddio'n ein herbyn,
a nabod ein symud cyn inni symud. I'n chwarae ni.

Dangosai inni'n cyfeiliorni, ein cymell
i weld y gwall yng nghod ein cydchwarae
a thrio'n gwahanu.

Dechreuais ofyn i 'mrawd ista efo fi
pan fyddwn i wrthi. Efallai imi weld
mai dyna'r unig ffordd o'i rhwystro rhag ennill,

bod fiw inni wynebu'r
byd newydd hwn ben ein hunain.

LEFEL 2
MARMOR

Ymbalfalu

Mae'r cof yn taeru efo fi fod Taid yn fengach unwaith,
yn plygu ar ei gwrcwd i chwarae efo ni
a gadael i ni'i gosi a dringo drosto,
yn drewi'n braf o Brylcrîm a ffags
a'i wallt yn gudynnau ar dalcen.

Mi welaf siâp ei gefn drwy'r ffenest
a Nain wedi'i hel i'r ardd i gael ei smôc.
Ar ôl dod mewn, roedd ei fysedd yn dal i balfalu
am y ffon fach wen, i'w dal, i bwyso arni.
Siâp y paced yn sgwâr ym mhoced gesail ei grys.

Dyna pam dw innau'n gwirioni, mae'n siŵr,
ar ogla melys mwg ar awel y bore
wrth aros bws, neu pam rydw i weithiau'n
gafael mewn pensal rhwng dau fys, fel sigarét,
a'i chnoi'n gyrbibion fel taffi neu gydwybod.

Ac er ei fod yntau wedi hen roi'r gorau
iddi, wrth ei gofleidio cyn gadael,
a chlywed llond fy ffroen o ogla Brylcrîm,
dw i'n dal i deimlo siâp fel paced ffags,
yn sgwâr dan lewys gwyn a bregus crys ei groen.

Arfau distryw mawr
Medal of Honor: Frontline, PlayStation 2, 2002

Dim ond un rhyfel oedd yn fyw o hyd,
ym maneri VE Day, adar gleision, storis Nain a Taid
a gwersi ysgol am ddogni a gasmasgs.

Cysur od, cyfarwydd, felly,
diddos, fel ogla lân glo neu saim cwcio
oedd cwblhau'r rhyfel, cyflawni pob lefel
yna dechrau o'r dechrau i ail fyw'r gogoniant
yn blant bach da. Drwy'r misoedd tywyll
ymdeflais i a 'mrawd i gyrch y gaeaf.

Roedd Rwanda a Bosnia'n rhy bell; Iwerddon
yn fom heb ei ganfod ym maestrefi'n hymwybod.
Heddwch oedd y cyfan a adwaenem yn ein hoes.

Yna daeth gwanwyn. Un noson oer ym Mawrth,
a'r llwch wedi dechrau setlo lle bu dau dŵr
unwaith, diffoddais y Playstation, a throi
i wylio gwreichion y sioc a'r braw
yn tasgu ar newyddion naw.

Datganoli

Lego Island, PC, 1997–1999

Noson wyntog, lawog, lwyd o haf ifanc
pan chwipiai'r heli i mewn i'r cei,
rhyw damad ffair wedi gosod stondin,
a'r cyngerdd mawreddog o Fae Caerdydd
yn cael ei ddangos ar sgwariau sgrin
oedd wedi ei chodi ar ochr lorri.

Mi ddylsem fod yn gorfoleddu,
ymdeimlo, drwy'r gwifrau, â'r ewfforia
ifanc o fod yn wlad a'i thraed yn rhannol rydd.
Ond roedd hi'n wlyb a gwag, a'r castell uwch y cei'n ormes.

Yswn am gael mynd adref, i chwarae Lego Island
a'i fôr perffaith plastig glas:
popeth yn wyrdd a melyn hyfyw,
lle cawn yrru ambiwlans Lego
neu ddelifro pizzas rhithiol;
lle cawn i godi tŷ o frics digidol.
Cymaint difyrrach hynny na'r corau'n eu du,
y tenoriaid tycsidos, draig ar dân,
Bonnie Tyler a Charlotte Church
a'r dorf nad adwaenwn yn pylu i d'wllwch y Bae.

Ond pwy wedyn a fynnai ddadlau
nad dyna oedd y pwynt? Bod y ffantasi wastad yn haws
na'r realiti 3D llwm, ac mai hyn oedd yr hwyl:
y syniad absẁrd, diniwed, prydferth
y gallet godi, fricsen wrth fricsen amryliw,
dy wlad dy hun yn union fel y dymunet.

Gwell Dŵr Cymru
na British Gas

Dw i'n chwarae'r cof yn ôl drwy'r fideo-caséts
roedd ein rhieni'n eu recordio i'n cadw ni'n dawel;
yn dallt mai oedolion efo doliau oedd *Ffalabalam*,
ac na faswn i'n gallu fforddio tŷ *Tŷ Chwith*.
Rhwng Superted, Sam Tân, a sgwosh a bisgedi Nice,
mesurwn fy mywyd fesul toriad hysbyseb:
bwyd yn wynebau ar blât, neu'r jingyl Vitalite –

a deuai adfyrts y cyfnod i breifateiddio'n bywydau
cyn iddyn nhw ddechrau'n iawn; eu torri'n gyfrannau
dan fflicio, fflicio, cyn goleuo'n las
ar ben bys bawd – cyn hawsed â hynny.
A pheth da ydi siarad, cyhyd â'n bod ni'n talu;
a chofia ddweud wrth Sid – nes mai'r unig bethau
national ar ôl oedd y Milk Bar, a'r Savings.

Weithiau, mi dorrai'r newyddion dros y tâp,
heb rybudd, fel roedd Sam am achub Sara a Jâms:
Deddf Eiddo Nawr a Chwangos; pen y lein i Intercity;
Gruff the Happy Chappy'n ein croesawu i Ŵyl y Gerddi.
Wyddwn i ddim be oedd dan y tipiau gwyrdd.
Disgynnodd Wal Berlin drwy fy mywyd i heb smic
wrth i'r ddynes continiwiti gyhoeddi toriad.

O'r diwedd, torrai'r newyddion nôl at Sam yn yr eira,
a Sara a Jâms wedi'u hachub o rew y llyn,
a phopeth yn iawn drachefn wrth i bawb noswylio:
diffoddai goleuadau'r pentre fesul un,
ac roedd y sêr dros Bontypandy'n dal i wincio.

Ferodo
Gran Turismo 3, PlayStation 2, 2001

Yn hwyr i'r wers biano, thrafferthwn ni ddim
arafu i fyfyrio ar eironi'r peth:
fy mam yn canu corn y car wrth basio Ferodo
i ddangos ein cefnogaeth i'r dynion
nad ydynt, mwyach, yn gosod llaw
ar unrhyw fodur na darn ohono.

Chi ddynion segur, chi blant y llechi a'r llwch
a heliwyd ar gludfelt o un diwydiant i'r llall;
a naddwyd, a wisgwyd, a wasgwyd, fel brêcs,
ryw fymryn yn llymach bob tro –

beth sy ar ôl yma ichi bellach? Pa wobr, pa dâl?
Pa allt i'w dringo rownd pob cornel-pìn-gwallt?
Oni synhwyrwch chi fod fory ar y gwynt,
yn y cwmwl ansylwedd lle mae pob car
a grëir â chlic llygoden yn fwy llifliniog,

yn fwy galluog i hedeg hyd darmac gloyw glân
na'r hyn a greoch chi â baw eich bysedd erioed;

a bod y fory hwn, er pob caniad corn a safiad
a gorymdaith heglog, yn siarad mewn cod,
iaith arall estron; yn llithro
o'ch gafael yn llwyr?

16 bit

Ddid wrth ddid, daw'r digidol a'i fyrrath
difyrrwch i ganol
llewyg byw ein holl gybôl
yn dawedog i'n didol.

Sarff
Snake, Nokia, 1998

y Nokia nk402
efo'r clawr arbennig, oren, tryloyw
i ddangos y syrcitbord tu mewn

ti oedd yr un ddaru 'nhynnu fi mewn
dw i'n meddwl, 12c am decst
y secs a'r drygs oedd rŵan dan fy llaw

mi dalais, wrth fynd,
a dyna lle y dechreuais i ddilyn
fotwm wrth fotwm

gynffon y sarff
fu'n tyfu a thyfu
nes iddi'i thraflyncu ei hun

Casgenni

Donkey Kong, Game Boy, 1994

Ai jyst fi 'di o? Ydw i angen practis?
Ydan ni wedi mynd yn sofft yn ein henaint,
wedi ein breuo a'n meddalu gan amser ...

Neithiwr mi ffeindiais yr hen gêm hon,
rhoi cynnig arni ar ôl rhoi'r plant i'w gwlâu ...
Fedrwn i ddim mynd heibio'r lefel gynta.

Dwn i'm. Dw i jyst yn gweld y gwaith mor anodd,
y casgenni mae o'n eu lluchio i lawr
(be bynnag tisio'i alw o: gorila, bywyd)

yn rhy ddi-ildio ddidrugaredd. Dydyn nhw ddim
yn gadael digon o fwlch ichdi neidio drostynt bellach.
Dônt un ar ôl llall a dy fflatno'n grempog,

dy fwrw'n ôl i'r dechrau eto ac eto. 'Swn i'n taeru
nad oedden nhw'n arfer dod cyn amled
na chyn drymed.

Adar candryll

Angry Birds, iPhone, 2009

O ystyried popeth, pa ryfedd
mai'r gêm a chwaraeem i gyd

ar iPhones newydd sbon wrth wynebu diwedd
coleg, addysg dda, addewid

y caem y byd i gyd yn ein dwylo
cyn gweld y cyfan yn dymchwel o'n blaenau

oedd gêm lle ti jyst yn taflu pethau
nes iddyn nhw chwalu popeth i'w waelod?

Cwrw, nos Iau

Y llymaid cynta 'na'n treiddio drwy dy gorff
a ti fel yr hogyn yn yr adfyrt Ready Brek.
Tasat ti ond yn gallu potelu'r teimlad hwn
mi wnaet dy ffortiwn ...

Ond alla i 'mo'i gadael ar hynny.
Dydi'r noson ddim yn ddigon a dw i'n trio mynnu
dal 'mlaen, ei hirhau, yn swigen euraid
y ceisiaf ei nadu rhag codi ...

Dw i'n hanner darllen hanner sgrolio
hanner gwylio hanner cynllunio
cyn mynd i 'ngwely efo 'nghur yn fy mhen
wedi'i osod allan yn barod, fel crys at y bore.

Stryd y Castell

Heliaf frith gof o rywle·
cannoedd strydoedd nos y dre
a ninnau'n dau'n chwil, yn dal
rywfodd, dacsi i'r hofal
o'r glaw: a phrin firagl oedd
y wawr laith a'i darlithoedd ...

Be dw i'n weld, lond byd yn ôl,
yw addewid ffordd ddeuol
fu'n ymestyn fel mastiau,
o lôn i lôn, yn culhau'n
yrfa hir, sy'n brawf o hyd
o amryw heb eu cymryd.

Parc Thema

Theme Park, PC, 1994
Bae Caerdydd

Rhyw hwyl fawr a welaf i,
cei dinod mewn cadwyni,
cri gwylan, chwipiad baner,
a dinas goll Loudoun Square ...

Naws o hyd fel rhyw bnawn Sul
dan fargod hen fae hirgul
tywyll, a'r glaw yn tywallt,
a dan eu hwyl, dynion hallt
yn picio draw i'r Packet:
osgoi'r wraig, a sigarét.

Y caledi cul wedyn,
a thrai dienaid o wyn;
môr ewyn diamrywiaeth
yn torri o hyd ar ein traeth.
Yn ara' bach, hwn yw'r bae
y dilëwyd ei liwiau.

Pa wynt sydd rhwng y pentai
hip a drud yn chwipio'i drai?
Hwn yw'n bae unrhyw-le'n-byd,
a'n cei haf Saesneg hefyd:
o'n hymylon, mi weli
nad oes cof gan Mermaid's Quay.

A gŵyr y rhai sy'n gwario ym mariau
digymeriad heno
mai masnach lanach na glo
yw'r rhych hawdd ei chracheiddio ...

Caer

Unwaith, yn ifanc, mynnwn
nad i mi'r ddesg lwyd, mi wn.
Eto rywsut, i'r tresi
yn fy ôl bob Llun af i.
Fan hyn rhof drefn ar fy nydd
â fideo-gyfarfodydd,
a sŵn dedleins ein dadlau,
a hen ddeddf fy mhaned ddau ...
Codaf fur o 'mhapurach,
gwâl ddiddos o'm beiros bach,
nialwch, a sgrin sy'n olau
hynaws, gwan, wrth i'r nos gau.

LEFEL 3
ADLAM

Cath ar goll, bore Llun

Dydi'r hynaf ddim isio mynd i'r ysgol
ac yn fy mhen a'm calon, cydymdeimlaf –
ond fiw 'mi addef wrtho nad wyf inna
yn llawn gorfoledd chwaith ar fore Llun.

'Di'r glaw yn gwlychu dy drywsus, boi? O leia
sna'm rhaid 'ti ddod nôl ffor doist ti
heibio'r llefydd coffi trist a'r gampfa
ôl-ddiwydiannol, y chwyn a'r cachu ci'n
penelinio'r graean; y ffensys haearn. Ac ar bolyn lamp,
ger y lle-bwyd-stryd sy'n wag ers y pandemig:

'I am missing: have you seen me?' Poster tila
a'r glaw wedi rhedeg drwy'r inc.
Gath druan. Peth ddigon del, yn ddu efo smij
o wyn ar ei brest fel tae hi'n gwisgo tycs.

Yn yr eiliad hon, mae fel cath Schrödinger:
naill ai mae hi'n grempog fflat o dan ryw fws
neu'n bell bell bell odd' yma, hyd y byd.
A phan ti'n dechrau cenfigennu at gathod, ti'n gwybod
ella fod popeth ddim cweit yn iawn. Ond dyna hi,
tan iddyn nhw'i ffeindio hi, tan i rywun ffonio'r rhif,
yn rhywle, rywsut, mae hi'n rhydd.

Sgrolio

Pan ydach chi'n bod yn fygars bach
cyn amser gwely, yn ffraeo a herio
a'r penwythnos yn anhraethol hir,

pan dw i'n teimlo bod dim ar ôl
o ymennydd, o galon,
o egni, wedi ichi sbydu pob dafn

a hithau'n rhy hawdd estyn y pecyn o'm poccd:
y ffôn sydd yn dal pob dim,
dal bawd lawr a llusgo, a gollwng,

sbinio'r olwyn fel ffrwt mashîn, i weld
pa erchylltra neu lawenydd y glaniaf
arno nesa i'm diddanu'n syth –

am fod hynny'n haws
na delio efo chi, na gweithio
efo chi, neu siarad drwy

y myrrath sy'n ein bwyta'n fyw,
dw i'n sori. Am nad ydi hyn –
am nad ydan ni, ein huned fach ni –

yn ddigon, weithia, efo'r byd
allan yn fanna ar ben bys bawd
mae'n wironeddol ddrwg gen i

am fethu â gweld eich holl gariad,
eich holl angen yn dawnsio o 'mlaen, yn erfyn
fy sylw, fel anifail mewn rhyw rîl.

Mae bob dim yn retro rŵan

... a dw i'n un gwael am sbio nôl o hyd.
Mae gan fy hogiau hwdis Pokémon,
pyjamas Sonic, trôns Super Mario,
bag ysgol Minecraft. Sgynnyn nhw'm clem
am y gemau eu hunain. Gwybod y geiriau
heb nabod y gair, teip o beth. Holl allanolion
y gemau'n cael eu gwerthu er godro elw,
a dyna ni, dw i'n meddwl: dyna ddal
yn berffaith gyflwr ein canrif. Ond dw i'n hapus
yn dysgu iddynt litani 'mhlentyndod innau
o liw a chyffro, fel hwdi gynnes. Pa ots
nad oes syniadau mwyach, 'mond eu cregyn ...

Ac yna, fore Sul, dw i'n mynd â nhw
i'r capel. Nofio'n erbyn
rhyw fôr marw sydd wedi hen olchi'r
rhan fwyaf o'm hoedran i i ffwrdd, heb sôn
am oed fy mhlant. Ond yma, hefyd,
cânt glywed emynau, dweud adnodau,
hel straeon hen destament sydd 'run mor bell,
'run mor agos ac mor lliwgar fyw
ag unrhyw Pikachu. 'Di Moses
ond cyn wired yn union â Charmander;
'di'r bedd ond mor wag o ystyr â phelen dal Pokémon.

Ond cysur, o am gysur, am achubiaeth –
rhag beth yn union, amser neu Dduw a ddengys.
Rhyw gryndod yn y berth, ella,
rhyw dafod, rhyw fflam ...

Tops off

Wedi gwirioni roeddan ni braidd
ar fod yn ifanc ac yn yr un lle,
a ninnau jest digon hen bellach
i wybod nad ydi hynny'n
digwydd cyn amled â hynny wedi'r cyfan –

noson ola ryw steddfod neu'i gilydd,
Bob Delyn ar lwyfan, ar lawr,
a'i fys yn ei glust, yn gawr,
allan o diwn, wedi colli ei lais,
yn ei tharo hi'n berffaith.

A dim ond un peint arall
a Thrên Bach Sgwarnoglyd oedd ei angen
i wfftio at y bol a'r breichiau brain,
ac at y ffaith nad oedd gen i pecs
i weiddi'n frwd: 'TOPS OFF …!'

Yno yn hogia yn ddynion yn ddim,
yn chwys ym mreichiau yn chwerthin ein gilydd,
yn gân, ces gip ar gyd-weithiwr, yn sobor
fel sant, yn stiwardio wrth y drws – a chochais
am iddo 'ngweld am ennyd yn hapus ac yn rhydd.

Safio

Rhaid iti gofio safio. Hyd yn ocd
os ydi hi'n mynd yn dda: stopia
i safio, gan na wyddost ti byth
pa ddihirod sy'n llechu
heibio'r gornel nesa –
y lefel nesa.

Dyna'r gogoniant. Cadw. Mi gei, bob amser,
ailddechrau o'r un man, os dymuni.

Yno yn chwarae'r Game Boy ar wyliau haf,
yn craffu i weld y sgrin yn yr haul,
neu'n chwarae cardiau mewn golau sitronela
tu allan i'r adlen, rhesymol oedd cymryd
y byddai bywyd fel oedolyn
yn hyn o leiaf, ac ella'n fwy na hyn.
Ond roedd rhywun, rywle, wedi anghofio safio.

Ar dy feic

Mewn bywyd arall dw i'n ddosbarthwr tecawê.
Sgrialaf drwy'r ddinas a'r nos, a'r blwch ar fy nghefn.

Siawns bod rhyddid, o fath, mewn contract sero awr?
Ac ella na chawn i gymryd fawr
o wyliau, ond mi faswn i'n reit ffit
a faswn i'm yn reidio ar balmentydd chwaith:

fyddwn i ddim yn colli cwsg dros fy ngwaith ...
                    Echnos mi seiclais am beint i'r dre
a theimlo fy hun yn lartsh
yn gweu rhwng y ceir efo hogia'r Uber Eats

ond fe'm daliwyd mewn cawod, ffordd adra.
Cyrhaeddais y tŷ yn fferru, yn wlyb at fy nghroen.
Drannoeth mi gythrais am y swyddfa'n yr atig
dan ddiolch am fy nesg, fy laptop, fy startsh.

Amgueddfa'r plant coll

Amser gollwng tŵls a mynd i gasglu.
Pobol gall a pharchus yn eu hoed a'u hamser
yn ciwio, prin yn sbio na sgwrsio â'i gilydd.
Ond pan ddaw'r plant i'r ffenest, 'dan ni'n fwncis mewn sw,
yn chwifio a chŵian fel pethau o'n co',
yn methu'n stopio'n hunain rhag gwenu. Yn ffyliaid.

Fy nhro i wrth y giât, ac wrth blygu
i godi'r un sy'n cario 'ngenynnau i,
mae'r lleill i gyd hefyd yn codi eu breichiau,
yn fy ngalw'n 'Dada', yn erfyn arnaf
i'w cymryd hwythau i ffwrdd efo fi.

Be 'dan ni'n neud? Mewn difri.
Dwisio byw, dwisio gweithio,
dwisio mynd dwisio aros,
dw i'n methu aros tan ddiwedd penwthnos
imi gael eiliad i mi fy hun.
Ond pan ddaw hi eto'n fore Llun
dw i'm isio mynd â chdi i fan hyn:
dwisio dy gadw, dy fyta'n fyw, dy wylio
yn graddol droi'n rhywun, cyn ei bod hi'n rhy hwyr.

Un mab sydd degan i mi

Un mab sydd degan i mi:
Ynyr, rwy'n llawn o'th eni.
Fy mhêl ystwyth, fy mhlastig,
peth i'w ddal nad yw'n dal dig,
fy lol, fy nghonsol, fy nghur,
fy nghae Esyllt, fy nghysur.

Dysgaf sut i dy wasgu
i gael gwên a gigl gu,
fy hand-held, fy ennyd wan,
ŵr hapus a'th holl brepian,
a'th rigwm bob botwm bach
yn un pos mawr hapusach.

Babi del; y mae pob dydd
o'i flaen o'n lefel newydd.
Pa angen sgrin yn pingio
heibio i wawl ei wyneb o?
A'i law hoff yn amlhau
llawenydd i'm llaw innau.

Fy ngŵr mwyn, fy nghrïwr mawr,
fy mul addfwyn, fy mloeddfawr,
fy ngwenwr, fy nghi anwes,
fy nhwyll sy'n fy nhynnu'n nes,
fy nenig, fy Big Bad Boss,

bennaeth fy rwtîn beunos,
fy hanner cof hanner call,
f'aderyn o fyd arall,
fy arbed, fy nghnaf eurbinc,
fy methu â chysgu chwinc ...

I'w gêm yr wyf innau'n gaeth:
hawliodd bob ymreolaeth
ohonof. Ni chaf unawr
ar ôl hyn 'mo'i roi i lawr.

Menagerie

Yng nglas y dydd, af mewn
at ein hailanedig fab
ac mae'n effro'n syth. Dim botwm *snooze* ar hwn!
Mae'n codi, yn rhwbio'i lygaid, yn troi
i gyflwyno imi ei anifeiliaid.

Amneidia'r cylchfeistr a'm cymell i'w fyd
dan fregliach cofrestr bleind a phapur wal:
y mwnci – hawdd – ei ddwylo'n ddolenni
wrth ystlys; yna braich yn drwnc eliffant
cyn y showstopyr: rhu ffyrnig ei lew
yn deffro'i frawd yn y stafell bella ...

Un dydd yn fuan fe stopith wneud hyn.
Ni rydd un arwydd o flaen llaw,
'mond penderfynu ar ei liwt ei hun, a pheidio.
A damia'r rhiant blinedig chwerw-ddoeth,
pan oedd yr hyna'n fach, a'n cynghorodd
yn hengall mai '*cyfnod* 'di bob dim'.
Gwelaf y galarwn y fersiynau hyn o'r hogia
yn fuan: ysbrydion fydd eisoes wedi mynd.
Gwelaf golli'r bywyd hwn mewn oes
arall. Gwelaf isio teils y tŷ 'ma

ac wylaf am arch Noa'r anifeiliaid
ar fleind a phapur wal, bwganod, defaid,
y mamau-sgribls-blêr a'r ffigarîns,
deinosors, môr-ladron plastisîn

a llewod hapus siriol ar jig-so,
y cŵn-clustiau-llipa, poteli Hulk, a'r llo
'di'i wneud o Duplo. Nialwch plastig
ein *menagerie*, a lanwodd ein bywyd
am ambell flwyddyn 'sgafndroed fer
â'u holl lawenydd gwyllt, domestig nhw.

Sul y pys
Worms Armageddon, PlayStation, 1999

Rhai gemau ti'n eu cysylltu fwy â'r amser,
y lle, y chwaraeaist nhw ynddynt: mae hi'n hydref
hwyr, a'r haul yn isel yn y gwrychoedd,
stêm ar hen ffenestri o lysiau'r cinio
ac ogla'r cig eidion yn gymysg
efo sent Sul Dad, yr un mae o'n wisgo
dim ond i fynd i'r capel. Chwerw, melys:
Kouros. A'r tŷ'n cael ei wynt ato
rhwng brysio i Seilo a'r wythnos newydd.

Rhwng dwy oedfa mae trip i dip Cilgwyn yn yr arfaeth.
Fe'n llusgir, o'r parlwr tywyll lle buom
yn difa'n gilydd â baswcas defaid,
i ddringo yn y car i ganol mynyddoedd
lle magwyd fy nain, lle gweithiai ei thad,
a thaflwn ffrij ac ambell gwpwrdd
i'r twll yng nghrombil y ddaear a gloddiodd fy hen daid
cyn anghofio amdanynt.

Mae'n ddiwrnod, yn fyd, sy wedi'i gladdu'n llwyr,
ac amser wedi taflu Holy Hand Grenade
i ganol llonyddwch ein pnawniau Sul
cyn i hanes ei lenwi â'i sbwriel.

3UP

Cael plant yw dy ganfod dy hun
ar goll mewn fforest ddieflig

a baglu ar draws tair madarchen,
un werdd, un goch, un las

cyn eu llyncu. Fel drwy hud
mae gen ti dri chyfle arall.

Mae gen ti syniad o'r ffordd
erbyn hyn. Pa ddihirod

sy'n llechu ymhle, pa lwybr
yw'r hawsa i'w ddilyn i hel

holl fodrwyon aur dy fod,
ceiniogau mân i sgleinio yn dy sgrepan,

elicsir sbâr i'w gario wrth dy gefn.
Ond rywsut, rywfodd, rwyt ti'n dal

i lwyddo i wneud smonach llwyr ohoni,
eu harwain nhwythau'n ddyfnach mewn i'r gors.

Gêm aml-chwaraewr yw byw

'Dan ni ddim yn *siarad* mwyach, chdi a fi.
Pasiwn ein gilydd yn y cyntedd,
tecstio o'r sgŵl ryn neu'r wers nofio:
''dan ni angan wbath o'r siop?'
Gyrru rîls at ein gilydd o un stafell wely i'r llall
cyn fflopio ar y soffa tua deg ...

Bron fel tasan ni ond yn siarad drwy hedset
mewn gêm i ddau chwaraewr.
Drwy'r lefelau cyntaf rhwydd, roedd hynny'n iawn:
naid fan yma, naid fan draw, a fawr
o gymylau'n yr awyr, y byd yn las a gwyrdd
a chaem lamu efo'n gilydd i ddal y faner.

Ond dyma ni i lawr yn y dyfnjwns bellach,
y platfforms carreg sy'n arnofio ar lafa,
llond ogofâu o nofio'n erbyn lli
a fawr o gyfle i ddod fyny i gipio'n hanadl.

Dw i'n llusgo erbyn hyn. Ar ei hôl hi,
yn disgyn i'r hafn a'r pydew a'r peips
dro ar ôl tro ar ôl tro. Ti'n fy llusgo i allan,
yn aros amdanaf, yn pydru arni
gan saethu peli tân at bob rhwystr sydd o'th flaen.
Dw i'n iwsles wrth d'ymyl.

A rhy hawdd dweud: pan ddaw'r lefel nesa,
neu'r nesa wedyn – y rhywbeth anochel hwnnw
i'th faglu o'r diwedd – y tynna i gynneddf
o grombil ffantasi'r peiriant, i brofi
y gallaf neidio i'r adwy, dy gynnal, dy gario;
ond bywyd ydi hyn, lle does 'na ddim
'reset' na 'start again' o'r lle-a'r-lle.

Ti angen dy gyd-chwaraewr rŵan hyn.

Palu

FarmVille, iPhone, 2009—

Sawl gwaith ydan ni wedi bygwth
ymado â hyn i gyd? Y traffig,
y swyddfa, y desgiau, yr ista lawr drwy'r dydd,
y blinder yn dy esgyrn, yn dy enaid. Sawl gwaith
ydan ni wedi breuddwydio cael darn o dir

i'w dendio? Perllan, ella. Cwch bach neu gwt
i beidio â gorfod gwneud â'r byd a'i betha.
Dim ond prynhawniau'n bod,
y glaswellt heb ei dorri ac yn chwifio'n hir ...

Wrth gwrs, fyddai'r realiti'n ddim
byd tebyg i'r ddelfryd. Dyna pam
mae hi'n ddelfryd. Dydi'r tir 'rioed 'di talu
i rai fel ni. Gwaith caled yw palu.

Wnaiff hynny 'mo fy rhwystro
rhag breuddwydio.

Treialon amser

Ghost Valley Time Trial, Super Mario Kart, Super Nintendo, 1993

Mae tŷ yr af iddo weithiau a'i lond o fwganod,
ei drawstiau'n drwm gan lwch plentyndod;
cymylau'n nofio'r nen fel ysbrydion
drwy'r ffenestri tywyll uchel,
a gwich prennau'r lloriau fel atic Nain a Taid
wrth yrru car fy atgofion drostynt.

Os syrthiaf dros y dibyn i'r affwys
daw creadur oren bychan heibio'n
sbectolog ar gwmwl i'm 'sgota o'm tranc.
Lakitu yw ei enw. Gesyd fi
yn ôl bob tro ar y llwybr cul.

Ond yna pan dybiaf fy mod wedi rhedeg fy nghwrs,
wedi llywio'n ddeheuig bob cornel dynn
ac ar fin croesi llinell gorfoledd,
daw car tryloyw egwan o'r tu ôl
a'm goddiweddyd a'm gadael yn ei sgil
yn llwch, yn chwil, yn sbinio, yn gwylio
ysbryd rhyw hen fi fengach yn fy maglu a'm curo.
Alla i byth ddal yr ysbryd, a'r pryd hwnnw
Lakitu nid yw yno mwy, na'i lamp na'i air.

Gronyn Gwenith

Cymdeithas ddrama Capel Seilo, 1977–2009

Fan hyn roedd yr holl fyd yn llwyfan:
emynau Ieuan Gwyllt yn gyfeiliant
i Ryfel y Crimea a T. Rowland Hughes.
Mewn theatr yn Seilo llunnid byd
bob blwyddyn, a dôi byseidiau
o bobol o bedwar ban i'n gwylio wrthi.

Yma yr ymarferais
berlewyg sawl diwygiad,
marwolaeth ambell filwr, cael bod
yn Hedd Wyn am noson; taflu 'maich oddi ar fy ngwar.

Heddiw synnaf at yr holl fenter:
y gwisgoedd a'r goleuo, y sain ar gasét
a gonsuriai episodau croniclau cred.

Ond wedyn, yn y wings,
yn y piffian chwerthin oedd rhyngom, gast o blant
a'r cerydd fyddai'n diasbedain
fel gwadnau clocsiau ar hyd coridorau
yng nghrombil theatr capel ar allt yng Nghaernarfon,
ac yn y tships a weinid i'r cast cyfan
mewn goruwchystafell ar y noson ola,
a thoeau'r dre'n oren gan fachlud o'n cwmpas,
a ninnau'n ymdroi yn ein gwisgoedd o hyd

rhwng y gwylanod a'u sgrechian i gyd,
nid perfformio'r oeddem.

Nid act oedd honno, nid portread,
nid cogio bach am ddwyawr ond
cymdeithas:
    y peth byw, go iawn.
      Ac o'r *encore* yn y co,
dw i'n dal i glywed y curo dwylo.

Statig

Drwy ein plentyndod fe'n cyflyrwyd
gan y byd i droi oddi wrth y byd,
i droi at ein bydoedd bach
mewnol ein hunain,
tai dol ein teuluoedd
ôl-niwcliar. Fe driodd Mam a Dad
ein hel i gapel, i gôr,
i ddrama bentre ac ysgol nos
ond dwedai'r teledu: na hidia am hynna,
mae'n haws ac yn gnesach fan hyn ...

Fe'n dysgwyd gan y radio mai pethau pell
i ffwrdd, ar farw, oedd syniadau.
Caneuon sy'n bwysig rŵan, nid hisian
cracliog rhyw unbennaeth yn dymchwel;
dim angen i ni fwydro'n pennau
â gofyn be ddeuai wedyn.
Dowch nôl at Capten Planet,
dyna blant bach da.

Felly pan ddaeth y pla, doeddwn i ond
yn rhy barod i wrando ar lais a orchmynnai
AROS ADRA, clo dy ddrws, tro mewn
at dy deulu, dy aelwyd, dy deledu,
dy siambar ... Do, fe'm dofwyd
ddegawdau'n ôl.

Ond eto i gyd,
wrth i'r clo dreiglo, wrth i'r sgriws a'r goriadau
droi'n dynnach arnom, a phan oeddem
fwyaf ar ein pen ein hun, dangoswyd
drwy seinydd a sgrin fesul chydig inni
yr hyn oedd yn bwysig go iawn.

O leiaf, dyma fentro dechrau credu
bod pethau i'w hachub tu hwnt i'n tai:
iaith, a bywoliaeth, henoed, ieuengoed,
cymydog, cynulliad, pethau hwnt i bres.
Dwedwyd wrthym fod ein bywydau
yn werth eu harbed – sy'n beth peryg.

Mi welais fy mod wedi bod
yn cario rhyw ddiflastod, pryder, panig,
gydol fy mywyd fel oedolyn.
A doedd o ddim yno mwya sydyn.

Roedd o fel troi switsh ar sgrin a gwylio'r
llun yn troi'n ddotyn, wedyn yn ddim. A'r statig
yn y llonyddwch newydd wedi'r
diffodd, o'i gyffwrdd
am amrantiad eto
yn craclio.

LEFEL 4
DRYSFA

Tŵr

*Gloria Trevisan a Marco Gottardi, cwpl a oedd yn byw ar
lawr uchaf Tŵr Grenfell*

Ni allwch gael, o'r llwch gwyn
ar hyd y ddaear wedyn
syniad o'u dyheadau,
na fawr ddim o gyd-fyw'r ddau.
Ffeindith y lens fforensig
efo'r wawr ddim oll ar frig
y tŵr cras, 'mond pentwr crin
o ludw oer y cladin.

Ond hyn, nid yw'n bod heno'n
eu haf hir: mae hi a fo
ar ôl gwaith yn morol gwin
i'w yfed. Mae Mehefin
a Llundain oll lond y nos
yn oren yn eu haros,
a'u hoes dan nen yn estyn
yn uwch ac uwch, fel tŵr gwyn.

Ymweliad

Rownd rhyw gornel na welaf,
cyn hir, bydd o yno'r cnaf,
yr hen gi dig, ffyrnig, du,
a'r hen wg, yn sgyrnygu.
Dyna fo, myn diân: fe fyn
y diawl barhau i'm dilyn.

Waeth heb, 'chos mi neidith o
ryw un diwrnod, a darnio'r
hynny a gâr ohonof.
Be wnaf? Mi ddiolchaf yn ddof
hyd yn hyn, mai mynd a wna'r
hen was, tan y tro nesa.

Feiral

Ond dyna'n natur ni. Pwy fcdrai'n beio
am fynnu cael hel bydoedd
mwy na ni'n hunain? Lle gallwn greu
breuddwydion diddiwedd, ein rhyfel personol hefyd?

Dyna ein greddf bob tro: creu pethau
sy'n addo para'n hwy, yn ehangach, na ni.
Llyfrau, lluniau, caneuon, plant ...
A rŵan dyma'r cyfan yn dy law.

Mor debyg ydym i'r fadwch a'n clodd ni mewn:
y diawl a wnaeth bopeth fedrai o,
yn ddi-hid, waeth mor ddinistriol
i gael mynd yn feiral am ryw hyd.

Triptych pandemig

Gwyriad, Mehefin 2020
Gyda bod y lonydd
yn fwy tawel a llonydd
dyma droi oddi ar y lôn bost
i weld ffynnon Gwenffrewi
oedd wedi bod ar ein rhestr cyhyd.

Dywed rhai na fydd pethau byth yr un
pan aiff hyn i gyd heibio:
sgubwn ludw'r marchnadoedd
i graciau'r tir lle cerddwn, lle cyfarchwn
ein gilydd, a'r awyrennau'n rhydu.

Nid newid wnawn ni wir, 'mond dod yn ôl
yn bagan at y pethau hen, elfennol:
at wres haul, at flagur, ac at ddŵr
berwedig o oer. O lechen i lechen,
neu o'n llyfrau'n ôl i ddarllen *braille* y sêr
â'n bysedd dall a glân. At darddiad pethau,
down nôl i ymdrochi yn yr hyn
sy'n argoeli'n mendio, ond i ni eu coelio.

Noswyl Nadolig 2020

Llond llaw ohonom
yn y Deml Heddwch oeraidd, eang
wedi'n gwasgaru'n rhesi cyson
ac yn canu i'n mygydau,
y ddinas yn ddistaw;
a hyd yn oed y ceir tu allan yn cadw
pellter cymdeithasol.

Rhwng y garol fud a'r bregeth fer
dydi'm ots gen i addef
imi grio am eiliad, oherwydd
bod babis yn dal i gael eu geni,
bod mynd ar yr un hen garolau o hyd
a geiriau'n gallu magu mwy o ystyr;
bod 'na galan i'w gael
ar ben draw hyn i gyd.

A dyma fi'n loetran tu allan cyn troi am adra
fel y plentyn driodd aros yn effro i'r eiliad
rhwng pan oedd Santa heb alw, a'i fod eisoes wedi bod.

Codi, Pasg 2021

Down adra fel taem yn mynd ffwrdd, ar ôl
croeshoeliad o flwyddyn: coron
ddrain, hunan-fflangell, finegr sur ar wefl.

Pa newydd i'r gwanwyn ond rhifau?
Nid ffrwydrad o fywyd, ond mymryn
llai o farw: digon i balu 'mlaen.

Am bythefnos o haul, atgyfodwn,
cawn awel deg i hyrddio'r Gymraeg, am unwaith,
yn ei blaen hyd y llwybrau defaid;

cawn draethau agored, amddifad o gyrff
lle mae godre gwisg y môr
yn las-Beibil-Plant, yn Fadlen ar gyrraedd gardd:

ein gwlad, am unwaith, mor wag
ag wy siocled, neu fedd
a'r garreg wedi'i threiglo 'mond i ni,

i ni gael chwarae ynddi
a choelio am chydig mewn atgyfodiad.

Y drôn sy'n dod
â'r parseli

Alla i ddim bod yn hollol siŵr
oedd y drôn sy'n dod â'r parseli yng nglas y dydd
yn ein nabod na'n cofio ni i ddechrau

ond dyma adael briwsion ar stepan drws,
soser bach o lefrith neu o ddŵr,
cofio cracio'r rhew ar dywydd oer

ac mi'i dalia i o weithiau yn hofran, rŵan,
yn aros i weld ydan ni hyd y lle.
Dw i wedi cymryd at sgwrsio ag o:

adalw ambell linell o gân drwy lwch y cof –
yr unig adyn byw welwn ni, rai dyddiau.
Un dydd, mi'i perswadia i o i lanio ar flaen fy mys,

sŵn ei bropelors bach yn suo'n fy nghlust,
a bwyta o'm llaw. Mae wedi croesi'm meddwl
ei hudo i gwt neu drap ar waelod yr ardd

ond mi dorrai 'nghalon, ac yntau i fod yn rhydd.
Doedd o ddim yno pan ddes i lawr bore 'ma
a dw i'n meddwl amdano, tybed lle mae o,

yn lladd terfysgwyr mewn anialwch pell
ella, neu'n llorio'r holl awyrennau
mewn meysydd awyr na wyddom ni ddim amdanynt.

Anadl
20.1.21

Arferent ddweud y daliai'r byd annwyd
pe bai Mericia'n meiddio tisian:
'dan ni heibio hynny bellach, tydan.

O leia, heddiw, cawn beidio dal ein gwynt,
i'n gïau a'n sgyfaint gael ymlacio ryw gymaint;
peidio gorfod gwrando wrth i'r galon guro'n gynt.

Cawn ollwng rhywbeth: ochenaid fechan,
cael ein gwynt atom, rhyw saib, gorffwysfa
a dallt bod rhywbeth drosodd, cyn aros am y nesa;

a dyna'r byd y ganed titha iddo, mwya'r cwilydd,
lle does dim i bwyso arno ond pwyso ar ein gilydd:
felly dal di f'anadl i, fy mab. Mi ddalia i d'un ditha.

Awyr iach

Jack Samuel, Gresffordd, 1934
(Ar achlysur 90 mlwyddiant y drychineb, Medi 2024)

Y caneri fu farw gynta, ar
amrantiad. Yna syrthiodd
rhai o'r criw achub: bu raid cario un
dros ystolion duon tua'r tân tamp.
Hyd yn oed wedyn, yr unig beth
a'i cafodd i droi'n ôl yn y pen draw –
crafu drwy dwnnel at wythïen o oleuni,
dod fyny i'r wyneb dan lyncu'n ddwfn
a'u gadael nhw yno, yng nghwrcwd y düwch –

yw'r un un gred ag sy'n ei gynnal nawr
chwe mis ar ôl y ffaith: yr arswyd cnawdol
braf, y deuent oll i'r fei ar ben y siafft,
ddau gant a hanner ohonynt, rŵan hyn
yn gwenu a hergydio fel o'r blaen
pe gallai o ond rhoi yr hyn nad yw
o unrhyw ddefnydd bellach i'w celanedd cwyr:
eneiniad o awyr iach. Tra bo'r adwy dan sêl
gall ddal i weddïo nad yw hi'n rhy hwyr.

Yr ysfa
Call of Duty, 2003–

Pa angen gemau bellach? Gallaf fynd
ar Twitter yn hwyr y nos, pan fydd
y babi wedi 'neffro, neu pan fydd
y radio'n annigonol. Gallaf droi
o ddüwch y nos, y wlad dylluan tu allan
a chwilio'r golau glas ar ffôn. Ac yno caf
y cyfan fel ar ffilm. Na – fel gêm fideo.

Fi yw y person cyntaf. Clywaf riddfan
cyfagos f'anadlu fy hun yn adlam
o banig drwy ben. Rydw i mewn ffos
yn y fforest yn Lwgansc, bwledi
yn tincial fel rhisgl arian o'm hamgylch,
a phwy sy rownd y gornel nesaf? Saethaf:
blasaf orfoledd a chyfog a bustl y lladd.

Sut mae dyn yn pasa cysgu ar ôl hyn?
A 'nghalon deilchion yn ddychlam.
Hyd yn oed yn y tywyllwch dyfnach hwn:
dw i'n crefu am sgrech brêcs trên, neu seiren bell
i foddi'r gwaed a'r gweiddi, y dienyddio,
y llosgi a welais â'm llygaid
fy hun, a'm dwylo'n diferu'n goch ...

Yna, Israel, Gaza, y bwtsiera
cynta; a'r galanastra wedyn.
Dw i isio gwneud pethau dwl ac ystrydebol
fel gwylio fy mhlant yn cysgu, am fod eraill
na chân nhw byth wneud hynny eto.
Dw i'n troi at X ond mae lladdfeydd
nad ydi'r byd am adael inni'u gweld.

Yn lle hynny, mae rhywun wedi dwyn golygfa
o *Call of Duty* a'i phostio ar y ffrwd. Pa ots
fod y ffin wedi'i niwlo? Does gan y gwir na'r gau
ddim libart yma mwyach. Cyhyd ag y cawn
arswydo, condemnio, rhincian ein dannedd:
a'n dychryn o'r diwedd wedi canfod ei ddelwedd,
ein galar yn cael dod allan i chwarae.

Y CWYMP
Fallout, PC, 1997

Be ddwedi di wrthyn nhw wedyn
pan ddôn nhw â'u cysgod i'r drws,
efo'u rhestrau a'u rheg
a'u sgriniau bach teg
a'u holl hen beiriannau tlws?

A yrri di'r plant lawr i'r selar
pan glywi nhw'n dod lawr y lôn,
rhag i'r galon roi naid
gan dwrw'r haid
efo'u gynnau a'u drymiau a'u drôns?

Ar be ddisgynni di wedyn,
ar dy liniau neu ai ar dy lw,
gan daeru 'mod i'n
mynd draw tua'r drin …
'ta ddwedi di'r gwir wrthyn nhw?

Y morgrug

Llosgi neu foddi, mae siawns na fydd-o
mewn gwirionedd yn ddiwedd pan ddaw o:
mi ddaw'r morgrug drachefn i forgrugio,
a nôl daw'r gwybed fel dreigiau heibio.
Pan awn ni'n grimp yn y gro ... mi ellith
bod hynny'n fendith, i'r byd hwn fendio.

Llygaid

i'r Diflanedigion, bum mlynedd ar hugain ar ôl
Cytundeb Gwener y Groglith

Credu yw gweld. Fe wyddai Tomos hynny
gan fynnu gweld yr hoel lle bu yr hoelion.
Ac felly ninnau, wedi'n hewyllysio'n
hunain i'ch gweld chi ddegau o weithiau'n y dorf,
wedi'ch datgladdu chi i fywyd eto, gan chwilio
wynebau, dwylo dieithriaid yn daer â'n llygaid am dwll.

Ac ydi, mae cred yn fyw nes gwelwn eich cyrff.
Hen gred mewn gwyrthiau a gras, neu gred yng ngrym
cadwraeth oer y fawnog. Gweld digon i gredu
bod hanes yn hen hanes, wedi'r cyfan.

Credu, os dowch chi fyth yn ôl ar ffurf
y Garddwr, neu fel Lasarus i'n plith
y cawn ni'ch arwain chithau, efo gwlith
y bore, i gael gweld â'ch llygaid crin
eich hun lygedyn gwan o heddwch pŵl
yn dawnsio'n fregus betrus efo'r nos.
A chredu, er yr archoll, y gallai fyw.

Gemau bwrdd
Micro Machines 2: Turbo Tournament,
Sega Mega Drive, 1994

Sôn am niwlo'r ffin
rhwng byd y gêm a'r byd go iawn:

Roedd gen i degan o fan, oedd hefyd yn ddinas,
a thu mewn i'r fan roedd cerbydau llai,

ac ar y Sega Mega Drive roedd gêm
a gymerai'r cerbydau plastig hyn

a'u troi'n bicseli ar sgrin, i ninnau gael
eu rasio'n fychan ar hyd byrddau bydol-rithiol.

(Pa ryfedd, erbyn hyn, na fedrwn ni
ddim deud gwahaniaeth rhwng y gwir a'r gau,

rhwng ffaith a ffug, rhwng sgrin a sicrhad?)
Bwrdd biliards, ymyl bath; bwrdd gwaith a'i ddriliau

a'i sgriws yn y ffordd o hyd. Neu'r bwrdd bwyd,
y pys yn dangos y ffordd, a fforc

i groesi'r gagendor uwch y leino pell islaw.
Y fath ystyriaeth roed i siapiau byrddau …

A'r holl amser y buon ni'n chwarae,
mewn llefydd eraill roedd dynion hefyd,

o'r diwedd, yn dod at fwrdd,
yn dod at eu coed, yn trafod telerau

a rhywbeth yn eu gyrru, wedi'r cwbl,
i eistedd lawr a siarad efo'i gilydd.

Gymaint o'r byrddau hynny
sy bellach wedi'u chwalu;

ond mewn parlwr tamp yng Nghaernarfon
mae cartrij llychlyd sy'n dal i weithio, o hyd,

o'i blygio i mewn â gofal. Mae botwm a brêcs
a sŵn sgrialu, a byrddau eto dan fy llaw.

Beinn Nibheis

Cawsom law di-daw drwy'r dydd
ac eira'n brathu'i gerydd,
y moelydd dan gymylau,
braw'r gwynt, a'r llwybr ar gau
heb ewin o amlinell
pen y byd, a'r copa'n bell.

Wedyn, wrth ddisgyn, fe ddaeth
un ennyd o wahaniaeth –
rhwygodd y llwyd ar agor,
gwelsom haul a glas y môr
a rhyw sglein, ar draws y glyn,
o dduwdod. Caeodd wedyn.

LEFEL 5
GOLAU SÊR

Gwasgu fy motymau
The Legend of Zelda: Ocarina of Time, Nintendo 64, 1998

Tawn i ond yn gallu cofio'r nodau rŵan ...
Cofio'r botymau a'u gwasgu'n eu priod drefn
er mwyn cael gwneud fel Zelda: canu'r ffliwt,
dychlamu'n ôl mewn amser.

Ella mai'r hyn dw i'n ceisio tiwnio iddo,
â rhecsyn ocarina'r cof,
yw rhyw lun ar gariad
cynnar, nad oes 'mo'i analog.

Y grisiau di-ben-draw
Super Mario 64, Nintendo 64, 1997

Doedd dim canslo i fod:
byddai parti fy chwaer yn bedair
yn mynd yn ei flaen y Sadwrn hwnnw,
angladd neu beidio. Hi oedd
tywysoges tŷ ni, wedi'r cyfan.
Gwisgai wisg Eira Wen.

Nôl i'r tŷ wedyn am deisen a sgwosh,
creision, ac un llygad ar y teli:
y torfeydd, y bonllefain, Mam yn cnoi'i
hewinedd, 'nhad ddim yn deall y ffys.

Dihangais o dyndra'r galar a'r dathlu
at yr N64 yn nistawrwydd y parlwr,
at y castell eang tywyll, ei bortreadau mawr
yn erfyn arnaf i blymio i'w bydoedd;
ei goridorau a'i gynteddau
yn atsain fel twneli, ac o hyd
y dŵr yn araf godi o'i selerydd ...

Tu hwnt i olwg, hwnt i afael
ar ben set o risiau di-ben-draw,
roedd tywysoges wedi'i dal yn wystl;
a gwyddwn fod rhaid imi, rywsut, drio'i hachub:
bod gobaith, nes imi'i gweld, ei bod yn fyw o hyd.

Gwersi nofio

Super Mario 64: Wet-dry World, Nintendo 64, 1997

Eisteddaf ar y fainc yn gwylio'r mab
yn nofio yn noddfa ola'r analog.
Dw i hanner ar fy ffôn, ar lan ddigidol.
Yno yn oerni'r pwll, ni allai'r
un o risiau awchlym sgwâr y tonnau newydd
ddal ar unrhyw sgrin yn iawn y ffordd
mae'r dŵr yn golchi dros gorff yn donnau
llyfnion. Ga i neidio mewn, washi?

                    Achos
os ydi'r gorffennol yn wlad estron wedi'r cyfan
dw i'n meddwl, ella, yn y dŵr
bod gen i siawns o nofio'n ôl ato:
taswn i'n cicio, yn padlo ddigon hir,
rhoi 'mhen dan y don i 'nghlustiau gael llenwi
â'r hisian pell sy heb anghofio'r
signal, na'r pellter y daeth ohono;
y donfedd yn fer, a hanes yn hirhau,
dyfnhau â phob strôc gymerem efo'n gilydd ...

Daw allan, yn dripian ac yn crynu.
'Doeddat ti'm yn sbio eto, Dad ...'

Mwyngrefft

Does fawr o fynd ar gemau fideo
yn tŷ ni. Ddim eto. Rhesymwn
fod digon o sgrins i'r hogia fel mae
a dyma'n hierarchaeth: YouTube y gwaetha;
Cyw yn fwy llesol na Netflix;
teli yn well – o shedan – nag iPad
(dim ffonau cto, diolch byth,
ond caniateir awr o Tric a Chlic
yn enwedig adeg pandemig).

Fedrwn ni 'mo'u cadw ffwrdd am byth;
mi ddaw y cyfan ddigon buan, m'wn,
ac eisoes weithiau maen nhw'n llwyddo i lithro
drwy'r rhwyd: yn y clwb ar ôl ysgol,
yn nhŷ eu ffrindiau, neu'r troseddwr
mwya: fy mrawd, a'i PS5 ...

A phan gaf gip bach slei dros eu hysgwydd
rhyfeddaf at faint y bydoedd erbyn hyn –
mor fawr, mor eang. Gallet grwydro'r
rhain am wythnosau heb fyth fynd dros 'run tir.

Mae ffiniau dinas Spiderman yn estyn dros fôr;
a'r unig derfyn ar gêm fel Minecraft yw
dy ddychymyg dy hun. Gwn eisoes
nad oes pen draw i hwn ym mhennau hogiau.
''Di hi byth yn bwrw yn Minecraft, 'sti, Dad ...'

Beryg mai dyna pam dw i'n ysu
am afael ynddynt, eu cipio
gerfydd eu gwar a rhedeg gyflymed ag y medraf

rhag ofn, os gadawa i iddyn nhw grwydro'n rhy hir
y colla i nhw yno'n rhywle ac na ddônt
allan byth eto'r pen arall.

Riweindio

Dyma be hoffwn ei gael eleni
i'w roi i'r bychan. Hoffwn roi iddo
gopi carbon o'm hen Nadoligau fy hun,
y rhai sy'n atalnodi 'mhlentyndod,
a'r cof yn euro'r cyfan fel haul isel.

Festri lawn. Pasiant plant ar ei anterth:
cybolfa absŵrd o'r Teenage Mutant Hero Turtles,
llieiniau llestri dros lygaid, a'r Iesu
rywle'n ei chanol hi'n y gwair.
Adfyrt Yellow Pages ar y bocs eto fyth.

Pan oedd Quality Streets, mi daerwn, yn fwy o faint,
pan oedd rhew yn rhew a gwynt yn wynt go iawn,
dim ond pedair sianel i fflicio rhyngddyn' drwy'r pnawn,
a phunt yn drwm mewn poced. Pan wnâi coeden blastig
y tro yn tsiampion, a'i hogla fel atig,

a thinsel yn addurn derbyniol amdani.
Amser – dyna a roddwn, yn ei holl ogoniant
elastig, cyfnewidiol, wedi'i lapio'n
ddel mewn rhubanau i'r hogyn gael
ei riweindio'n flêr fel hen VHS:

amser i'w rwygo ar agor, a'i daflu o'r neilltu
fel papur lapio. Mi ddaliaf i drio,
flwyddyn ar ôl blwyddyn. Bron na allwn i
alw'r eira'i hun i lawr yn blu o'r awyr.

Cyfieithu

Ocê, dw i'n gwybod
be dach chi'n feddwl. Ac ydi, ar un wedd
mae'n ddiflas. Ond mae'n fwyd ar bwrdd,
mae'n ddechrau am naw ac mae'n orffen am bump
gan mwya, ac mae hynny'i hun
yn fath ar ddianc. Yn gyfaddawd efo bywyd.

A galwch fi'n od, ond weithiau mae'n fwy na hynny
hefyd. Mae'n droi rownd a ffeindio'i bod hi'n bedwar,
mae'n ddigon o bos i dy gadw rhag dibyn:
ac weithiau, jest weithiau, pan fydd y geiriau –
Ti'n gwybod, ar ochr mynydd ben dy hun,
pan ti'n cymryd cam sy'n styrbio'r
hedydd yn ei nyth: mae'n curo
mae'n rhuglio, mae'n canu, mae'n esgyn
yn uwch ac yn uwch nes diflannu?
Weithiau, jest weithiau, mae o'n hynny.

Fy nheulu fel gwahanol fathau o ddeallusrwydd artiffisial

Fy mab a'i wallt yn tywyllu'n raddol fel storm,
rhybudd oren ydi o am wynt
sy'n bygwth troi'n goch fel daw'r ffrynt i olwg tir.

Mae 'nhad yn y cwmwl sy'n edwino o'i ôl,
ac yn troi at ChatGPT i ofyn
be ddylai o ei ddweud nesa
(rhaid dysgu pa brompts i'w bwydo iddo).

Car yw Mam sy'n ei gyrru ei hun
heb eto ddysgu stopio i neb.

Alexa yw'r mab canol. Dorwch gân
iddo ac mi'i canith. Enwch ddawns
a wneith o ddim stopio nes eith ei fatri'n fflat,
bob amser mewn eglurder uwch.

A'r babi wedyn yn ysbleddach
o dechnoleg adnabod wynebau.
Gallwch weld y cogs
yn troi, y dysgu dwfn yn digwydd.

Finnau, dw i ddim yn teimlo
mai fi biau fy mywyd fy hun
mwyach. Dw i ddim yn gallu credu

mai fi sy'n sgwennu cod yr hyn dw i'n fyw.
Digwydd i rywun arall y mae, a minnau
wedi camu allan ohonof fy hun: clywaf deipio
mewn stafell arall yn rhaglennu fy mod.

A be wyt ti – fy oriawr, ella, fy un
cysondeb, fy nghof – yn fy nghyfieithu
beunydd yn awtomatig, yn cyfri
fy nghamau cyn eu cymryd.

Be wyt ti am ei ofyn, 'ta, i'r *chatbot* hwn
sy'n rhannu gwely efo chdi ond byth yn ateb ...?
'Dwyt ti ddim isio crio? Rŵan
ac yn y man. Wyt ti ddim isio
crio jyst er mwyn crio,
er mwyn gadael rhywbeth allan?'
Dyna ti'n ofyn i mi. 'Fedra i ddim,'
meddai'r peiriant sy ynof:
fedra i ddim mwyach. Dw i heb
fy rhaglennu i wneud hynny.

Darfelydd
Final Fantasy X, PlayStation 2, 2001

Styc yn tŷ, drwy'r haf mwya gogoneddus mewn cof:
haf y Lludw, Dinas Dinlle a diwedd Lefel A.
Ro'n i mewn parlwr oer yn llowcio milcshêcs
ac yn chwarae Final Fantasy X.

Dyna'r ffordd yr oedd y byd yn mynd,
hyd yn oed y pryd hwnnw, ninnau oll
eisoes yn ymgilio i fydoedd mwy
nag y gallai'r holl ddaear eu dal,

ond nad oedden ni'n gweld hynny eto.
Deuai'r don ddigidol i roi dewis inni i gyd:
rwyt ti mewn neu rwyt ti allan.
Dim o amwysedd eira swnllyd yr analog.

Wn i ddim ydw i'n difaru, wedi'r cyfan.
Mae rhan ohonof sy'n ofni, yn gobeithio
'mod i'n dal heb ddod allan o'r parlwr hwnnw:
'mod i yno'n gaeth i'r sgrin, yn hollol rydd.

LEFEL 6
TOMEN BYD

Y Pokémon Newydd

Rŵan mae gynnon ni'n sgwod ein hunain
o angenfilod poced. Tri o greaduriaid
bychain (a digon od yn eu ffordd eu hunain)
gwahanol i'w gilydd, gwirion a gwyllt.

Rhaid iti eu cario ble bynnag yr ei di.
Cei grwydro glyn a dinas, 'mond eu bod
yn dod i'th ganlyn efo'u sgwtars a'u beics,
neu caria nhw, cyn iddynt fynd rhy drwm

mewn bag mawr ar dy gefn. Tyrd â digon
o snacs a weips, a phaid â meddwl
y cyrhaeddi di nunlle ar frys.
Fe swnian nhw arnat ti bob awr o'th ddydd.

Y nhw sy'n dy wneud di'n hwyr, anhraethol, lwyr:
dy daro oddi ar dy echel, dy wylltio'n
gacwn. Bydd rhaid iti droi'n d'ôl ganwaith
ar ganol antur am eu bod nhw'n sâl

neu'n blino, neu'n rhy oer, ar lwgu, ar lewyg.
Mi sbwylian nhw'th holl blaniau... Ond y nhw
sy'n gwneud pob taith yn werth ei chychwyn,
pob lle yn newydd, yn rhyfeddod pur.

*

Dw i eisoes yn synhwyro'r hynaf
yn troi'n greadur gwahanol, yn cicio'n erbyn
y sfferau rydan ni wedi'i gyfyngu fo o'u mewn.

Be wna i pan ddiflannan nhw ryw ben
ar ôl esblygu tu hwnt i bob adnabod,
a'i heglu hi am y gwair hir
jest pan fydd gen i fwya'u hangen nhw?
Ynghanol ryw frwydr neu'i gilydd.

Gad inni adael iddyn nhw gael mynd.
Helpa fi i weld mai dyna'r peth gorau un
y medra i ei wneud, nid eu cadw
rhwng waliau brau fy ngafael a'm gorchymyn;

helpa fi i ddallt na all na'm Calpol na'm cyneddfau
wneud un dim i'w harbed. Gad inni gerdded

wrth eu hochr at gyrion y ddinas
cyn troi ein cefn, ymlwybro nôl i'r tŷ.

Gwasanaethau

Leigh Delamere

Ac ar y ffordd nôl
fydd y lle 'ma'n rhy wyn
ac ogla'r lle chwech yn rhy gry

y letys a'r cig
rhwng dwy dafell lipa
yn blasu fel glaw ar dar-mac

y golau'n rhy gras
a'r adfyrts uwchben
yr iwreinals yn gweiddi'n rhy daer

a'i gwneud hi'n rhy amlwg
dy fod adra drachefn:
byd saim a selébs a hen faw ...

*

Ond heno, mynd wnawn,
yr holl lonydd o'n blaen,
a gyrru drwy'r cyrion yn braf

lle mae petrol a neon
a lorris o draw
a phobol sydd fyny drwy'r nos ...

'Run lle ydi o'n union:
ond ag yntau'n gysgodion
sy'n addo ein gollwng i'r wawr

ti'n chwil ar y syniad
wrth gylchfan y gwyll
bod bywyd yn drothwy, yn dramp

a llain galed yn galw
pererinion ar herw
i gymun yn llewych ei lamp.

Travelodge

'Yma mae gen ti bopeth ti angen, wir,
on'd oes?' Y chdi 'di honna, yn trio 'mherswadio
bod cysur yn hyn. 'Mond driblo mae'r gawod
ac mae blas metalig y llwy ar y coffi ennyd;
y lampsiêd wedi rhwygo, ac mae'n foel 'ma.
Yr unig foeth 'di'r carped newydd, sy'n drewi.

A taswn i yma ben fy hun, yn effro'n hwyr
yn lle dal fyny ar gwsg – cwrw cynnes o gan,
ac yn cwffio min ar ôl baglu ar draws Babestation
(golau glas y sgrin yn taflunio maint fy mol) –
mi fyddai rhywbeth aflan am fod yma. Rhywbeth
digalon, be-na'i, ac mi osgown
sbio arnaf fy hun yn y drych wrth godi i'r toilet.

Ond rydan ni yma efo'n gilydd: mae'r hyna
yn meddwl ei fod o mewn gwesty pum seren
a'r fenga'n gwrthod cysgu, fel nad oes
siawns o gael darllen na throi'r teli mlaen,
yn giglo yn ei grud. Dw i'n sbio arnat ti ac yn sbio rownd
ar y muriau moel magnolia a'r cyrtans tamp
ac yn gorfod addef dy fod ti'n iawn.

Gosber

Gosod dy ben o chydig ffydd
yng ngheunant ffyddlon fy nghesail i:
mae'r llawr 'ma'n galed, a dydi'r gwin
ddim eto wedi golchi ddoe
i ffwrdd. Mae'r bara'n creu poen bol.
Un weddi sy fan hyn.

Ac yn fy meddwl, rydw i'n ôl
am eiliad yn y cogio-bach
o gapel yn ein coleg ni
lle dysgais innau'r litani,
wynebu'r dwyrain bob hyn a hyn
a dallt be oedd y drefn.

A oes gan hynny rywbeth i'w wneud
â'r ofn ddaw drosof, o dro i dro,
ein bod ni'n gwneud rhywbeth na ddylem ei wneud?
Ninnau heb gael ein creu erioed
i sŵn defosiwn a cherrig oer,
yr ofn, fel llyncu poer,

mai garw ydi 'nghariad i,
ac mai erydu ydi'i ffawd,
nid tyner fel tiwn sopranos pêr
sy'n hogia eto am ryw hyd,
nad i ni'r goleuni; yr ofn, fel gwawd,
o fyd heb ddiwedd fyth.

A theimlo bod dy hen di-ffydd
a'th galon gaeedig rhag 'run gair
yn mynd i 'nhynnu innau, cyn dim,
tu allan, i'r tywyllwch chwim
gan adael rhywbeth ar fy ôl
yn uchelfannau'r fowt;

rhywbeth sy 'mhell o fod yn ddefówt,
yn dirion nac yn dêr,
a golau hidl ei genedl o
yn bŵl fel golau sêr,
heb feddwl, ella, mai hyn a ddaw
i'm hachub, maes o law.

Fory

Dw i'n addo, heno, wna i ddim
aros i lwytho'r peiriant

golchi, na gwylio sothach
nac ateb jyst un e-bost arall

na sgwennu cerddi gwael fel hon.
Mi af i gysgu'n gynnar heb

fy ffôn, i allu codi'n siriol
nid yn sarrug ac yn hwyr.

Gawn ni chwarae, drwy'r bore,
fel pan oeddach chi'n fân,

cyn ichi ddallt sut i weithio'r remôt:
gwnaf hyn i gyd bore fory, dw i'n addo …

Wna i ddim, wrth gwrs. Dof lawr i'ch canfod
yn barod yn gwylio fideos YouTube:

rhyw foi yn ei oed a'i amser yn agor teganau
neu chwaraewr Minecraft mwy medrus na mi

yn eich arwain drwy goridorau
eich dychymyg, a'r cyfan ar wawrio.

A dw i'n flin, yn gandryll efo'n hun
am adael y dynion hyn i mewn i 'nhŷ

a dwyn be sydd biau fi. Ond yn lle gwasgu stop
dw i'n ista i ymuno efo chi.

Hel sêr

('Don't come back without the stars …')

A dyma sut mae arnom bellach.
Uchafbwynt ein diwrnod ni
yw tiwnio i mewn am naw ar y dot
i *I'm a Celebrity*.

Mae pethau amgenach o lawer
i'w gwneud: ond dros baned o de
a sgwaryn o joclet a gwylio shit
dw i'n gwybod bod ni'n dau'n ocê.

Drwy hyn rydw i'n sicr, f'anwylyd,
mai chdi ydi'r hogan i mi
pan syllwn, 'di hario, yn fudan ein dau
a chegrwth ar ITV.

Cei fynd hyd bellteroedd Awstralia,
cei brofi danteithion y byd
a'i chwerwder a'i geilliau a'i newyn a'i wres
ond tyrd nôl ata i, plis, o hyd.

Mi orwedda innau mewn baddon
o nadroedd a llygod a llau
neu neidio i bwll o gocrotshys
i brofi ein cariad ni'n dau …

Dw i'n starfio, dw i'n nogio; rwyt tithau
heb gysgu; mae'r ddau 'nan ni'n flêr;
dos rhagot, fy nghariad, hyd gyrion y byd,
ond paid â dod nôl heb y sêr.

Nain, wedyn

Pan aeth i'r pridd, mor ddiddim,
un o ddau, aeth hithau'n ddim.
Cysgai'i hun yn y cae sgwâr,
rhannu gwely â galar.

Ond daeth cymuned wedyn,
teulu'n tynnu ato'i hun
fel o hyd i'w chofleidio:
napis a babis, nes bo'r
hen wên, rhyw ran ohoni
yn fanno'n ôl efo ni.

Y bardd o Riga

Mae hi'n rhoi'i llaw dros ei llygaid i chwerthin,
yn troi ei hwyneb ffwrdd pan fydd hi'n bles
ac yn smocio'n annisgwyl.

Ffurfia'i gwefusau'i geiriau cyn i'w llais eu ffeindio
a rhaid iddi ddarllen ei geiriau'n anferth ar sgrin.
All hi ddim gwahaniaethu rhwng blodau a chwyn.

Cysgodion sy'n trigo'n ei cherddi, camerâu
cudd, wynebau gwelwon, ysbryd annelwig
Duw, a drymiau sy'n bell fel taranau;
concrid trist, blacowts yn rowlio, a chlychau.

Gall glywed curiad ei chalon ei hun
cyn gliried â phapur wal yn pilio'n felyn
ond y nos, mae'n nos arni, ac ni all
gyfieithu hynny.

*

Un noson, mae hi'n meddwi ar balsa du
ac yn rhannu, rhwng ebychiadau'r dafarn bren,
raeadr o eiriau fu'n rhew cyn hyn:

roedd hi yno, ar y baricêds, yng nghroth ei mam;
ffurfiwyd ei chalon fechan i gyfeiliant tanciau

a chafodd ei siglo a'i suo yng nghrud
gwlad oedd cyn ieuenged â hithau.
Yr unig fyd a adwaen yw rhyddid
er na chafodd hi ei weld o'n iawn erioed.

A dyna pam mae'i cherddi, er eu tywyllwch, a'u hofn
a'u niwl yn llercian fel heddweision ar gorneli
o bryd i'w gilydd, mewn ambell linell

yn fy myddaru â'u posibilrwydd,
a nhwythau'n pefrio gan chwyldro.

Trwy ddrych

Gwerthfawroga bob eiliad, meddan nhw
Paid â sbio ar dy fywyd drwy lens dy gamera.
Rho dy ffôn i lawr, cymra'r cyfan i mewn:
neu blincia ac mi fyddan nhw wedi mynd!

Be dydyn nhw ddim yn gofio, ella,
ydi bod lot o'r eiliadau 'na'n reit shit:
y cachu – lot o gachu – i'w rofio
ac i'w sychu. Y strancs a'r hyfdra,
y crio mawr a'r sgrechian, eiliadau
seilam a dy ben yn drybowndian
efo bils a gwaith a phethau i'w trwsio,
rhyfel ar ryw orwel pell, y tywydd
ar droi a phobol yn marw'n eu gwlâu;
ninnau'n gofyn sut mae'r diawliaid gwirion hyn
wrth ein traed am ddelio efo'r cyfan.
Pa sawru? Pa fwynhau?
Heb allu coelio mor fendigaid, ar y pryd,
ydi dy fywyd bach cachu a chlyd.

A dyna pam, ryw ddydd, y diolcha i
'mod i wedi byw fy mywyd drwy ddirprwy,
drwy lens y ffôn: ffiltro ffrwd ein bywyd
i'r heileits golygedig, i gael edrych nôl, a gweld
yr hwyl ehedog efo'i gilydd yn gruglwyth
tra bydd y bwlshit nad oedd yn cyfri dim
wedi'i erydu gan ridyll amser.

Felly rhof heibio'r pethau bachgennaidd
i'w cadw mewn un man: yr hyn sy'n aros, pan
fo'r cyfan yn y fantol. Dim ond trwy ddrych
du, o ran, wrth sbio nôl, y dalltwn ni
ddistylliad ein llawenydd.
                              Ella dy fod
yn y gwaith, a'r haul yn dod mewn ar slant
drwy'r ffenest, yn glanio ar dy sgrin
ac am ennyd ti'n methu gweld
dim byd ond llond dy ffôn o dy blant.

Fel tasa hynny'n ddrwg o beth.

Game over

'Stopia adael ifi ennill, Dad!' Y jôc
yw na wnes i ddim. A does gen i ddim
syniadau newydd mwyach sut i'w curo nhw.

Y mab wedi curo'r tad. Roedd o'n bownd
o ddigwydd ryw ddydd, ond mi ddaeth yn gynt
na'r disgwyl. Dw i'n codi, yn deud 'amser diffodd'.

Ydyn nhw jest yn fy anwybyddu, neu'n bell
tu hwnt i glyw ym myd y gêm?
Gadawaf iddynt chwarae ryw chydig eto.

A *does* 'na ddim diffodd ar hyn ddim mwy, nac oes?
Y cyfan fedra i'i wneud yw gadael y stafell,
a drwy'r bwlch rhwng y drws a'r ffrâm, gwylio:

pum munud. Jest digon hir i 'modloni fy hun
eu bod nhw'n gwybod sut i chwarae'r gêm,
yn helpu'i gilydd (rhwng ambell ffeit)

a'u bod nhw'n gallu dianc i fydoedd brau'r dychymyg,
gan adael digon o friwsion o'u hôl i ffeindio'u
ffordd yn ôl drwy'r brwgaitsh a'r braw.

Ac ella, jyst ella, un dydd, y dysgan nhw
i wneud be na lwyddis i byth:
ffeindio ffordd o guro'r gêm ar ei gêm ei hun.

Af mewn i ddiffodd ... jest pum munud arall.
Tan hynny, gwyliaf nhw'n chwarae
a'u llygaid yn llawn o sêr a chregyn a cheir,

modrwyau a madarch, muriau a chymylau a chestyll
ac adar a nodau a gynnau a thyrau a thân;
yn ddof, yn ddiwyd, yn wallgof, lawen, wyllt.

Troi'r clociau

Rhaid bod y bych yn pesychu
neu rywbeth wedi 'nghodi o 'nhrwmgwsg, ac unwaith
y digwydd hynny, rhaid ei wynebu:
rhaid codi, yn hwyr neu'n hwyrach, i biso.
Felly mae. Styria rŵan, iti gael mynd yn ôl.

A dw i ar ganol y dylif pan sylweddolaf:
sbiaf ar f'oriawr, a gwirio efo'r ffôn,
ac ydyn, dw i'n meddwl, mae'r ddau
wedi newid amser heb imi wneud 'run dim.

Dw innau'n piso, felly, yn yr awr
tu hwnt i'r oriau, yn yr ennyd
sy ddim yn bod go iawn, a ddim i fod i fod
ychwaith: tir neb y nos ddaw unwaith bob chwe mis
a mynd, fel arfer, heb i neb ei gweld
ond yr ieuainc yn eu clybiau a'r henoed yn eu hyll.

A dyma fi yn ganol oed ynghanol
yr awr ogoneddus honno, yn piso'n y tywyllwch
mewn amser sydd yn perthyn
yn gyfan gwbl oll i neb ond fi
a ddim yn bod o gwbl chwaith.

Cydnabyddiaethau

Cyhoeddwyd 'Y drôn sy'n dod â'r parseli' yn *Dweud y drefn pan nad oes trefn: Blodeugerdd 2020* (Cyhoeddiadau'r Stamp, 2020). Cyhoeddwyd 'Gosber' yn *Barddas* (Rhif 334, Gaeaf 2017). Cyhoeddwyd fersiwn o 'Ymweliad' ar wefan meddwl.org. Cyfansoddwyd fersiynau o nifer o'r cerddi eraill ar gyfer cyfres *Y Talwrn*, BBC Radio Cymru ac fel rhan o breswyliad Bardd y Mis, BBC Radio Cymru. Hefyd, cyhoeddwyd fersiynau o nifer o'r cerddi ar gyfrif @sgyrion ar Instagram.

Dymuna'r awdur gydnabod dylanwad cyfrol Stephen Sexton, *If all the world and love were young* (Penguin, 2019), ar y cysyniad cychwynnol o ddefnyddio gemau fideo fel man cychwyn i gerddi.

Diolch i Barddas, i Huw Meirion Edwards, i Dafydd Owain, i Gruff ac i Guto. Diolch i'm rhieni, fy mrawd, a'm chwaer, sy'n ymddangos yn y cerddi ar wahanol ffurfiau. Diolch i'r Talwrn, i'm cyd-dalyrnwyr, i'r Meuryn ac i griw'r Bragdy. Diolch neilltuol i Bethany Celyn am ei holl waith a'i hanogaeth, ac i griw Llenyddiaeth ar Draws Ffiniau a'r Gyfnewidfa Lên am y gefnogaeth gyson, yr ysbrydoliaeth, yr amser a'r lle.

A diolch i Lowri, a'r tri anghenfil poced.

Cyhoeddiadau
barddas